DISTRIBUTION DES PRIX

A L'INSTITUTION ROYALE

DES SOURDS-MUETS DE PARIS,

Le 14 août 1843

DISCOURS PRONONCÉ

ET

TRADUIT ENSUITE DANS LE LANGAGE MIMIQUE,

PAR M. ÉDOUARD MOREL,

Professeur de la Classe de perfectionnement, membre de la Société d'éducation de Lyon,
Directeur des Annales de l'éducation des Sourds-Muets et des Aveugles, etc.

PARIS,

IMPRIMERIE DE FAIN ET THUNOT,

IMPRIMEURS DE L'UNIVERSITÉ ROYALE DE FRANCE,

RUE RACINE, 28, PRÈS L'ODÉON.

DISCOURS

PRONONCÉ

A LA DISTRIBUTION DES PRIX

DE L'INSTITUTION ROYALE

DES SOURDS-MUETS DE PARIS,

Le 14 août 1843.

MESSIEURS ET MESDAMES,

« En prenant la parole, au nom de l'Institution, dans une solennité aussi imposante, je ne puis me défendre d'une émotion bien naturelle : dans nos modestes et silencieuses fonctions, nous sommes peu habitués à braver l'éclat d'une nombreuse et brillante assemblée ; et il m'a fallu tout à la fois le sentiment du devoir et la confiance dans votre indulgente bonté pour oser, à mon tour, accepter cette honorable mission.

» Pendant une longue suite de siècles le sourd-muet a été méconnu : depuis Aristote, qui lui refusait l'intelligence, jusqu'aux théologiens du dernier siècle, qui, s'appuyant sur un passage de saint Augustin, lui fermaient l'accès aux vérités religieuses.

» Mais l'erreur n'est pas éternelle. L'abbé de l'Épée a paru : nouvel apôtre, il a prêché l'émancipation du sourd-muet ; il a montré qu'au fond de cette créature disgraciée, réside une âme sensible, intelligente, et il a brisé la barrière qui la retranchait du sein de la société. Dès lors la vérité s'est

fait jour ; l'incrédulité a été vaincue par l'évidence des faits ; il ne serait plus permis aujourd'hui de révoquer en doute la possibilité d'instruire le sourd-muet, en présence de ces jeunes élèves dont l'éducation a développé l'intelligence, en présence de ces couronnes qui vont récompenser leurs progrès, en présence surtout de ceux de nos collègues qui, sourds-muets comme eux, transmettent à leurs jeunes frères le bienfait qu'ils ont reçu.

» Cependant l'opinion publique n'est point encore complétement éclairée sur l'état intellectuel et moral du sourd-muet ; combien d'erreurs, de préjugés il reste à dissiper ! On le ravale au niveau de la brute ; on s'imagine que là où l'oreille est fermée aux sons, l'esprit doit être fermé à toute idée, le cœur à tout sentiment ; que, sans le secours de nos langues artificielles, le sourd-muet est incapable de manifester l'activité de son âme ; qu'avant d'entrer dans nos écoles, c'est une table rase où la main de l'instituteur peut seule graver quelques caractères. Un voile mystérieux semble couvrir notre art ; et l'on ne serait pas éloigné de croire que, nouveaux Prométhée, il nous faut, en quelque sorte, dérober le feu du ciel pour animer une nouvelle statue ! Ces erreurs ont été encore accréditées, le prestige a été entretenu par la vanité de quelques instituteurs, qui exagéraient la triste condition du sourd-muet, pour rehausser le mérite de leur œuvre et arracher ainsi les applaudissements d'un public fasciné.

» Eh ! ne voyez-vous pas les funestes conséquences de l'injuste anathème jeté sur le sourd-muet? Sous l'influence de cette fausse et dégradante sentence, les parents qui gémissent d'avoir un enfant privé de l'ouïe, s'exagérant encore le malheur de son infirmité, perdent courage, et, renonçant à des soins qu'ils croient infructueux, l'abandonnent à son triste sort ; alors ce que la nature, dans sa rigueur, n'avait pas fait, devient le résultat de l'isolement auquel il est réduit.

» Nous essayerons, autant que les limites d'un simple discours le comportent, de donner une idée plus exacte, plus consolante de la condition intellectuelle et morale du sourd muet avant son instruction. Puissions-nous être assez heureux pour ramener la paix, l'espérance dans le cœur d'une mère, et lui inspirer le courage de commencer elle-même l'éducation de son enfant! O vous qui me faites l'honneur de m'entendre, parents, amis des sourds-muets, gardez-vous de ratifier l'inique arrêt dicté par l'ignorance ou les préjugés! ayez plutôt confiance dans mes paroles : elles émanent d'une conviction qui repose sur dix-neuf années d'expérience. Au sortir de cette enceinte, faites partager cette confiance à ceux auxquels il a plu à la Providence d'envoyer la même épreuve!

» Le sourd-muet apporte, en naissant, les mêmes facultés que l'enfant doué de l'ouïe. Sans doute son infirmité est une entrave qui contrarie, qui retarde leur essor ; mais elle ne saurait faire avorter le développement de l'intelligence ; car Dieu n'a pas voulu faire dépendre l'activité de l'âme de la privation d'un sens.

» Les objets extérieurs, les actions des hommes, le spectacle varié de la nature font sur le jeune sourd-muet les mêmes impressions que sur l'enfant qui entend : ils attirent son attention, frappent son imagination, se gravent dans sa mémoire et fécondent son esprit. Les tendres soins dont il est l'objet échauffent son cœur ; l'affection d'une mère y trouve de l'écho : car, s'il ne peut entendre le doux son de sa voix, il sent du moins ses caresses, il voit son sourire. Virgile n'a-t-il pas dit :

Incipe, parve puer, risu cognoscere matrem.

Et pourquoi ce vers si gracieux du poëte latin ne s'adresserait-il pas au sourd-muet comme à tous les autres enfants?

» Cette première culture de l'esprit et du cœur s'opère sans le secours d'une langue; l'enfant, qu'il entende ou non, exerce ses facultés, il sent et pense avant de pouvoir exprimer ses sentiments, ses pensées; et, lorsque son âme commence à se manifester au dehors, cette manifestation ne se révèle point d'abord par des paroles, mais par un langage que l'instinct maternel interprète, devine avec une admirable sagacité.

» L'égalité entre le sourd-muet et l'enfant qui jouit de l'intégrité de ses sens, ne cesse qu'au moment où ce dernier entre en possession de la parole. Toutefois la parole n'a pas le monopole du commerce des esprits ; et, par une heureuse compensation, la nature suggère à celui qu'elle a moins bien traité, le langage des gestes qui, pauvre d'abord comme son intelligence, s'enrichit, se développe avec elle, pour se prêter à l'expression des sentiments les plus intimes, des pensées les plus élevées.

» Témoin des phénomènes de la nature, des faits qui se passent autour de lui, le sourd-muet observe, réfléchit, juge, lie l'effet à la cause, prévoit. Les diverses situations de la vie font naître dans son cœur les mêmes sentiments que chez les autres enfants : il éprouve tour à tour la joie, la tristesse, la douleur, la crainte, l'espérance ; il est sensible à l'intérêt ou à l'indifférence, au dédain ou à la compassion qu'on lui témoigne. Le monde moral ne lui est pas entièrement fermé : il a quelque notion de la propriété et du respect qui lui est dû ; il distingue le vrai du faux, le juste de l'injuste ; il a le sentiment du bien et du mal : car, s'il en est privé, pourquoi s'entoure-t-il de précautions pour commettre une mauvaise action ? pourquoi recourt-il au mensonge pour la cacher ? et, quand sa faute est découverte, pourquoi la rougeur couvre-t-elle son front ?

» C'est surtout en présence de la justice qu'on s'attache à refuser au sourd-muet l'intelligence et le sentiment moral, pour l'affranchir de la responsabilité de ses actes. Nous protestons, avec toute l'autorité de l'expérience, contre une doctrine qui, pour soustraire quelques coupables aux rigueurs de la loi, avilit une classe entière ; nous la repoussons au nom de la dignité de la nature humaine, dans l'intérêt des sourds-muets eux-mêmes, et dans l'intérêt de la société. Car, si, par malheur, la jurisprudence accréditait l'opinion que le sourd-muet n'est pas responsable devant la loi, il pourrait devenir, entre les mains d'un scélérat, un instrument d'autant plus dangereux que l'un serait assuré de son impunité et l'autre de la discrétion de son complice.

» La loi naturelle n'est pas le produit des conventions, des habitudes, elle est une émanation de Dieu. L'éducation développe, éclaire le sentiment moral, ce n'est point elle qui en dépose le premier germe dans le cœur de l'homme; cette voix intérieure se fait entendre dès que l'enfant est capable de reconnaître une volonté dans les actions d'une créature faite à son image.

» Le sourd-muet peut même s'élever au vague pressentiment d'un Être supérieur. Et qu'on ne s'en étonne pas : l'homme éprouve le besoin de rapporter à une cause surnaturelle les phénomènes dont il ne peut se rendre compte; l'histoire de tous les peuples est là pour l'attester. Mais incacapable de se former une idée exacte de la Divinité, le sourd-muet la matérialise.

» Avant que le sourd-muet élève sa pensée à la notion du Souverain Auteur de toutes choses, la conscience, reflet du Créateur, répand déjà sa bienfaisante clarté, semblable à l'aurore qui éclaire notre horizon, alors que le soleil est encore caché à nos yeux. Admirons la sagesse, la bonté de la Providence de s'être ainsi mise à la portée de l'enfant; de lui avoir donné un guide avant même que sa débile intelligence puisse comprendre les sublimes attributs de la Majesté divine!

» Ce sentiment intime, qui est une inspiration pour l'enfance, un guide pour l'âge mûr, un remords pour le coupable, n'est pas même éteint chez l'incrédule : car, si ce dernier, tout incrédule qu'il est, veut cependant rester honnête homme, c'est que, se donnant un démenti à lui-même, il subit la loi, tout en se révoltant contre le législateur, c'est qu'il ne peut étouffer le cri de sa conscience, tout en méconnaissant celui de qui elle émane, c'est qu'il jouit du bienfait, tout en outrageant le bienfaiteur.

» Ceux qui dépeignent le sourd-muet sous des couleurs trop sombres, sont quelquefois animés d'une intention louable : ils espèrent ainsi faire vibrer davantage en sa faveur la sympathie publique. Mais à force de le ravaler au niveau de la brute, ils agissent contre le but qu'ils se proposent. L'idiot, qui n'a pas conscience de son état, peut éveiller la charité ; mais il inspire peu d'intérêt. Combien est plus digne de compassion une créature intelligente et sensible qui, plongée dans les ténèbres de l'ignorance comme dans une prison, aspire à la lumière ! Qu'est-il besoin, d'ailleurs, de recourir à l'exagération ? la vérité ne suffit-elle pas ? car, si, après avoir vengé le sourd-muet des injustes préjugés dont il est la victime, nous allions jusqu'à prétendre que la privation de l'ouïe n'exerce aucune influence sur son développement intellectuel et moral et sur sa condition sociale, nous tomberions à notre tour dans une grave erreur. Privé de l'instrument général des communications sociales, abandonné à lui-même, il ne peut acquérir les idées qui sont le résultat des conventions humaines ; toutes ses connaissances sont le fruit de son expérience personnelle ; la tradition n'existe pas pour lui ; il ne lui est pas donné de lire dans ce Grand-Livre du passé où chaque génération, riche de l'héritage de toutes celles qui l'ont précédée, vient à son tour inscrire sa page. Et combien notre intelligence serait pauvre, si elle était réduite aux idées acquises par ses propres efforts, s'il ne lui était permis de puiser au vaste dépôt des richesses accumulées par la succession des siècles ! Déshérité des bienfaits de la civilisation, à moins qu'un art bienfaisant ne vienne réparer l'oubli de la nature, le malheureux sourd-muet reste étranger au milieu de ses compatriotes, au sein de sa propre famille, et traverse la vie, sans soupçonner sa destinée immortelle, sans pouvoir puiser dans l'espérance d'un avenir plus heureux une consolation à son infortune actuelle.

» Telle est la déplorable condition du sourd-muet qui n'est pas admis au bienfait de l'éducation. Toutefois, reconnaissons-le, son infériorité est moins la conséquence de son infirmité que de l'isolement auquel le condamne notre indifférence ; son malheur vient moins de ce qu'il est sourd-muet que de ce que nous ne le sommes pas. Car, au sein d'une institution, où son langage est compris, il éprouve peu de privations. Si, au lieu d'être dispersés sur le globe, les sourds-muets étaient réunis et formaient une nation à part ; si cette nation avait une existence aussi ancienne que les autres peuples de la terre, elle aurait, comme ces derniers, sa langue, ses traditions, son histoire, sa civilisation ; seulement les connaissances accumulées par le travail des générations successives, au lieu d'être déposées dans une écriture alphabétique, le seraient dans une écriture symbolique, comme l'écriture primitive des Chinois.

» Mais, comme le sourd-muet est destiné à vivre au milieu de la grande famille humaine, il faut qu'il subisse la loi de l'immense majorité, et qu'il en adopte la langue. A son tour, la société doit tendre la main au sourd-muet pour l'aider à franchir la barrière qui l'exclut de son sein. Ce devoir n'est point complétement rempli : plus de 20,000 sourds-muets sont répandus sur la surface de la France, et les institutions, qui devraient contenir habituellement 3,000 élèves, en comptent à peine 700 !

» L'œuvre de la régénération sociale des sourds-muets est digne de la sympathie publique ; elle réclame le triple concours des familles, des instituteurs et de l'administration. Le Gouvernement étend sur eux sa généreuse sollicitude, il prépare les mesures destinées à généraliser leur éducation ; les instituteurs ne manquent pas à leur mission ; mais les familles n'apportent encore qu'un rare et faible concours à l'œuvre commune.

» Les sourds-muets ne sont admis ordinairement dans les institutions spéciales qu'à l'âge de dix ans. Avant cette époque, la plupart d'entre eux sont complétement négligés au sein de leurs familles, et cependant d'utiles soins peuvent être donnés à leur éducation physique, intellectuelle et morale. Aussi chaque élève, à son entrée dans une école, porte-t-il l'empreinte de la sollicitude ou de l'incurie de ses parents ; et, si quelquefois nous avons la douleur de recevoir des élèves dont l'intelligence, engourdie par une longue inaction, ne semble donner aucun signe de vie, d'autres fois aussi nous sommes heureux de voir des sujets qui, grâce aux tendres soins de parents éclairés, ou au zèle charitable d'un ami de l'humanité, sont déjà préparés aux leçons de l'instituteur.

» Pères et mères qui comptez un sourd-muet parmi vos enfants, ne l'abandonnez pas à l'isolement, à l'oisiveté ; gardez-vous d'aggraver le malheur de son infirmité, de l'humilier devant ses frères, en le traitant avec une injuste inégalité : son cœur froissé se fermerait à la sympathie, à la confiance. Associez-le à toutes les joies de la famille. Mais, en lui prodiguant les soins de votre tendresse, évitez un autre écueil : que votre indulgence ne dégénère pas en une coupable faiblesse. Ne considérez pas son infirmité comme une excuse à ses caprices, à ses exigences, à ses fautes. Une liberté illimitée amènerait les mêmes inconvénients que l'abandon. Accoutumez-le à prendre part à vos travaux ; montrez-lui que vous vous intéressez à ses moindres actions ; qu'à votre exemple il apprenne le besoin de l'ordre, de la discipline, de la subordination ; qu'il acquière de bonnes habitudes ! Persuadez-vous que vous pouvez contribuer beaucoup au développement intellectuel de votre enfant, et faciliter ainsi la tâche de l'instituteur appelé à continuer votre œuvre. Attirez son attention sur les objets qui l'entourent, sur les faits de la vie journalière ; provoquez la manifestation de ses sentiments, de ses pensées ; observez le langage que la nature lui inspire, afin qu'à votre tour vous puissiez vous en servir pour entrer en communication avec lui. Encouragez ses questions en y répondant avec empressement et bienveillance. Apprenez-lui à tracer les caractères de l'écriture, à les représenter avec la main; à imiter avec le crayon la forme des objets les plus usuels; faites-lui connaître le nom de ces objets, soit en les montrant, soit à l'aide des images. Vous pouvez même lui enseigner la numération et les premières opérations du calcul, l'initier enfin à l'intelligence et à l'emploi des phrases simples, en exécutant les actions sous ses yeux, et en vous aidant de quelques gestes naturels.

» S'il vous est impossible de donner vous-mêmes ces leçons à votre enfant, adressez-vous avec confiance à l'instituteur primaire, au curé ou à l'un de ces hommes charitables toujours prêts à se dévouer pour leurs semblables. Cette première éducation du sourd-muet n'exige pas la connaissance d'un art spécial. Toutefois, la rédaction d'un simple manuel qui offrirait quelques indications à cet égard, serait un grand service rendu aux parents.

» Deux améliorations importantes ont été introduites, cette année, dans l'Institution royale : la fondation d'une classe spéciale d'articulation et d'une classe d'instruction complémentaire. L'une est due à la haute sollicitude du Gouvernement, l'autre est la réalisation des dernières volontés de feu M. le docteur Itard. Le célèbre médecin de l'Institution, après avoir dévoué toute sa vie aux sourds-muets, a voulu encore les servir au delà du tombeau. Son testament est en effet un éclatant témoignage de son affection pour nos élèves, de son intérêt pour la science. Il a légué à l'Institution une rente de 8,000 francs, « à la charge, dit-il, de créer une nouvelle classe dite
» d'*Instruction complémentaire*, et six bourses triennales gra-
» tuites d'admission à cette classe, en faveur de six sourds-
» muets élus, par concours, parmi ceux des élèves de l'In-
» stitution qui ont fini le temps ordinaire accordé à leur in-
» struction; et pour que ce motif d'émulation ne souffre pas
» d'interruption, le renouvellement de la classe se fera par-
» tiellement, chaque année, au moyen de deux élections. »
M. Itard ne s'est pas borné à assurer l'existence de la classe

de perfectionnement ; à régler sa constitution, il a encore posé lui-même, avec une rare sagacité, les bases de l'enseignement supérieur qui devait être donné aux élèves. La classe fondée par M. Itard ne sera pas seulement un bienfait pour quelques sujets d'élite, elle exercera une heureuse influence sur les progrès de tous les élèves : pendant le cours entier de leur instruction, ils auront en perspective l'épreuve finale qui donnera la mesure de leur capacité et de leurs efforts. Cette généreuse fondation assigne à son auteur une place parmi les bienfaiteurs des sourds-muets; aussi une inscription, gravée sur cette table de marbre, perpétuera son souvenir et la reconnaissance de l'Institution.

» L'enseignement, tel qu'il est pratiqué aujourd'hui dans l'École royale, a reçu de notables améliorations depuis la mort de l'abbé Sicard. La méthode a quitté les hautes et nébuleuses régions de la métaphysique; elle a pris une allure plus simple, plus naturelle, en se dégageant de ce pompeux étalage de procédés dont la stérilité se cachait sous des apparences scientifiques. Les résultats sont devenus plus rapides, plus généraux. Les élèves sont peut-être moins exercés à ces définitions qui étonnaient la curiosité publique; mais ils connaissent mieux la langue usuelle, et leur intelligence acquiert en même temps quelques notions positives. Chaque instituteur a contribué, pour sa part, à l'œuvre commune; personne ne pourrait, sans vanité, en revendiquer seul l'honneur.

» Cependant, l'art d'instruire les sourds-muets attend encore de nombreux perfectionnements. Il n'y a pas même unité de méthode dans les diverses écoles. Les instituteurs ne sont pas encore d'accord sur l'importance relative des instruments qu'ils emploient dans le cours de l'instruction. Ce cours lui-même ne tient peut-être pas assez compte de la diversité des intelligences et des conditions de nos élèves; il est le même pour tous : pour ceux qui, appartenant aux classes ouvrières, ou doués d'une faible intelligence, doivent un jour exercer un métier, comme pour ceux qui, appartenant aux classes aisées de la société, ou doués d'une intelligence privilégiée, seront appelés à exercer une profession libérale. Ne conviendrait-il pas de diviser le cours ordinaire de l'enseignement en deux parties : la première commune à tous les élèves, la seconde appropriée à leurs dispositions intellectuelles et aux diverses situations qui les attendent dans la société au sortir de l'établissement?

» Ces questions sont du plus haut intérêt pour l'avenir de l'art d'instruire les sourds-muets ; elles méritent de fixer toute l'attention des instituteurs, et il appartient au Gouvernement d'en hâter la solution, en les soumettant à la discussion dans un congrès scientifique où chaque instituteur apporterait le fruit de ses méditations, de son expérience.

» Chers collègues, l'œuvre à laquelle nous avons l'honneur de travailler, est digne de captiver toute l'énergie de nos facultés. Est-il, en effet, une mission plus belle, plus touchante que celle où il s'agit de tirer de sa prison une intelligence captive, pour l'éveiller, la développer, lui donner une langue ; où il s'établit une sympathie si intime entre le maître et l'élève ; où, réparant une erreur de la nature, on rend un homme à la société, un chrétien à la religion, un citoyen à l'État? J'en appelle à vos consciences, quel est celui d'entre nous qui n'a quelquefois ressenti, au fond de son âme, une secrète satisfaction, un légitime orgueil, lorsque, contemplant son élève rétabli par ses soins dans toutes les prérogatives de l'humanité, et mesurant par la pensée la distance qui sépare le terme du point de départ, il a pu se dire : voilà mon ouvrage? Oui, j'ose l'attester, l'éducation des sourds-muets procure de nobles, de douces jouissances. Soyons donc pénétrés de la dignité, de la sainteté de nos fonctions : c'est une sorte de sacerdoce que nous exerçons à l'égard de nos élèves. Associons nos efforts pour faire fructifier l'héritage des abbés de l'Épée et Sicard ! que l'exemple de ces maîtres nous inspire, nous guide et nous soutienne!

» Le souvenir de ceux qui se sont dévoués aux sourds-muets et dont les travaux nous guident dans notre carrière, ramène ma pensée sur une perte récente qui a profondément affligé les amis de la science et de l'humanité, et qui a eu surtout un douloureux retentissement au sein de cette Institution. Chacun a prononcé le nom de M. le baron de Gerando.

» Uni à sa personne par les liens du sang et ceux plus sacrés encore de la reconnaissance, si je ne consultais que les sentiments dont mon âme est pénétrée, je m'arrêterais pour payer à sa mémoire le secret tribut de mes larmes; mais organe des fonctionnaires de cette Institution, je dois rendre un dernier hommage de regrets à l'homme éminent qui a témoigné tant d'affection aux sourds-muets, tant de bienveillance à ceux qui se consacrent à leur éducation.

» Pendant plus de vingt-cinq ans M. de Gerando a été l'un des administrateurs de cette maison, s'occupant avec la plus constante sollicitude du bien-être physique et moral de nos élèves. Quelle vie a été mieux remplie que la sienne? Il était investi des plus hautes fonctions : Pair de France, conseiller d'État, professeur à la Faculté de Droit, membre de l'Institut, du Conseil général des hospices, du Conseil supérieur des établissements généraux de bienfaisance, fondateur ou membre de la plupart des sociétés d'utilité publique, il remplissait, avec la plus scrupuleuse exactitude, tous les devoirs que lui imposait la confiance du Gouvernement ou son propre dévouement à l'humanité. Et telle était la puissance de ses facultés, qu'il trouvait encore le temps de publier de nombreux, d'importants ouvrages sur la philosophie, la morale, l'éducation, le droit administratif, la bienfaisance publique et privée. Ce n'était point la gloire du littérateur qu'il poursuivait; chacun de ses travaux lui était inspiré par l'amour de ses semblables : car faire le bien était chez lui une jouissance, un besoin impérieux du cœur, une seconde religion.

» Son principal titre à la reconnaissance des sourds-muets, est son admirable *Traité de l'Éducation des Sourds-Muets*. Jamais notre spécialité n'avait été envisagée sous un point de vue aussi élevé, aussi étendu ; l'auteur embrasse à la fois la théorie et l'histoire de l'art, l'analyse comparée des diverses méthodes et l'exposé des perfectionnements dont elles sont susceptibles. Étranger à la pratique de l'enseignement, mais soumettant l'expérience des autres au contrôle d'une saine philosophie, il a su, dans le silence de son cabinet, deviner, avec une étonnante justesse, les véritables principes de l'éducation des sourds-muets, et leur donner ainsi la sanction d'une haute raison.

» Déjà dans sa jeunesse, M. de Gerando s'était fait lui-même l'instituteur d'un sourd-muet. Au sortir de ses études philosophiques qui devaient jeter tant d'éclat sur sa carrière, son esprit méditatif s'arrêta sur le problème du développement intellectuel et moral du sourd-muet et voulut en approfondir la mystérieuse solution par une expérience personnelle ; 89 vint interrompre ses pieuses leçons, mais dès lors son cœur généreux s'était ouvert pour les sourds-muets à cette grande affection qui ne se démentit jamais pendant tout le cours de sa belle et noble existence.

» Malgré la multiciplicité de ses occupations, M. de Gerando ne perdait jamais de vue l'École des sourds-muets qui était l'objet de sa prédilection ; et il était heureux quand il se trouvait au milieu de nos élèves. Combien de fois il a présidé ces solennités qu'il appelait des fêtes de famille, avec quelle émotion il s'adressait aux maîtres et aux élèves ! qui n'a encore présentes dans sa mémoire les touchantes paroles qu'il a prononcées le jour où, pour la dernière fois, sa voix s'est fait entendre dans cette enceinte ? « Je jouis bien vivement, di-
» sait-il, de me retrouver au milieu de vous ; je suis profon-
» dément ému des témoignages d'affection dont vous venez
» de me combler en ce moment, par des démonstrations
» aussi unanimes que touchantes ; je suis pour vous un vieil
» ami, et vous savez avec quelle profonde sympathie mon
» cœur répond aux vôtres. Il m'est doux d'être aujourd'hui

» témoin de cette fête de famille et de m'associer à la joie
» qu'elle inspire à vos parents comme à vous tous. Je dis *tous*
» à dessein ; car il y a une part pour chacun dans les jouis-
» sances que cette journée nous procure : c'est la fête com-
» mémorative de la fondation de cette belle Institution ; nous
» célébrons aujourd'hui les fruits qu'elle produit et auxquels
» tous vous participez, que tous vous goûterez pendant le
» cours entier de votre vie. Rendons grâces ensemble à la di-
» vine Providence, source sublime et première des bienfaits
» qu'elle répand sur vous dans cet asile consacré par tant de
» pieux souvenirs ! »

» Oui, c'était un ami fidèle des sourds-muets celui qui,
en leur présence, savait ainsi épancher les trésors de son
âme. On en trouve les témoignages les plus touchants jusque
dans les tablettes où chaque jour il déposait ses souvenirs,
ses pensées les plus secrètes. Dans ce sanctuaire de la vie
privée, son affection pour nos élèves se mêle aux sentiments
les plus intimes de la famille ; souvent, bien souvent il parle
de ses *chers sourds-muets*, et dans un des épanchements de
son noble cœur, il laisse échapper ce vœu : *puisse un jour un
sourd-muet écrire sur ma tombe : il nous aima comme un père !*

» Chers élèves, voilà l'ami, le défenseur que vous avez
perdu ; associez son souvenir à celui de vos bienfaiteurs ;
élevez-leur au fond de vos cœurs un autel où vous déposerez
quelquefois une offrande d'affectueuse reconnaissance !

» Au terme de cette année scolaire, un grand nombre de
nos élèves vont retourner au sein de leurs familles, les uns
pour y passer le temps des vacances, les autres pour ne plus
revenir. Qu'il nous soit permis, en terminant, d'adresser
quelques conseils aux parents réunis dans cette enceinte. A
ceux dont les enfants viendront reprendre le cours de leurs
études, nous dirons : veillez sur le précieux dépôt que nous
remettons momentanément entre vos mains ; préservez-le de
l'atteinte du vice. Que les vacances soient pour vos enfants un
repos mérité, mêlé d'honnêtes distractions, mais non l'occa-

sion d'une oisiveté dangereuse; que chaque jour quelques heures soient consacrées à l'étude, afin qu'ils ne perdent pas le fruit de nos leçons. Accoutumez-les à rendre compte par écrit de ce qu'ils voient, de ce qu'ils font, de ce qu'ils pensent, de ce qu'ils éprouvent. Offrez à leurs regards le spectacle des scènes variées de la nature, des prodiges de l'industrie; initiez leur intelligence aux relations sociales : faites, en un mot, qu'ils reviennent dans nos classes avec une nouvelle provision d'idées.

» Aux parents des élèves qui vont recevoir notre dernier adieu, nous dirons : notre mission est terminée, la vôtre commence. Nous nous sommes appliqués à faire de vos enfants des hommes éclairés, des chrétiens vertueux, des citoyens utiles. Nous avons mis entre leurs mains un instrument de communication et un moyen d'existence; c'est à vous maintenant d'achever notre œuvre. Gardez-vous de croire qu'il ne vous reste rien à faire! L'intelligence n'est jamais stationnaire : ou elle s'élève ou elle s'abaisse. Continuez donc d'exercer vos enfants dans l'emploi de la langue française, afin qu'ils n'en perdent pas l'habitude. Accoutumez-les à la lecture; obtenez d'eux qu'ils vous en rendent compte. Maintenez-les dans l'heureuse et sainte pratique des devoirs religieux; soyez attentifs au choix des relations qu'ils contracteront; songez que moins accoutumés aux pures et paisibles jouissances de la société, ils offrent moins de résistance à l'entraînement des passions. Si votre position vous le permet, ne les éloignez pas de la maison paternelle; rien ne saurait remplacer pour eux votre tendre sollicitude : c'est la plus solide garantie de leur bien-être, c'est la plus sûre sauvegarde de leur moralité.

» Enfin rappelez-leur, de temps en temps, qu'ils ont eu le rare privilége de recevoir le bienfait de l'éducation, tandis que des milliers de leurs frères restent encore plongés dans les ténèbres de l'ignorance; que cette faveur doit leur inspirer de justes sentiments de gratitude envers la divine Providence qui a jeté sur eux un regard de compassion, envers la patrie qui leur a ouvert cet asile ; envers tous les fonctionnaires de cette maison qui, à divers titres, ont concouru à l'œuvre de leur régénération.

» Mais il est temps que je m'arrête : les regards de nos jeunes élèves avidement fixés sur ces couronnes trahissent leur impatience. Je ne veux pas retarder davantage l'heureux instant où les élus recevront le prix de leurs efforts, et l'instant plus heureux encore où, déposant les trophées de la victoire dans les bras d'une mère, ils verront des larmes d'attendrissement répondre à la joie du triomphe. »

(*Extrait des* Annales de l'éducation des Sourds-Muets et des Aveugles.)

PARIS. — IMPRIMERIE DE FAIN ET THUNOT,
IMPRIMEURS DE L'UNIVERSITÉ ROYALE DE FRANCE,
Rue Racine, 28 près de l'Odéon.